Avec ce cahier et les suivants, il faut prendre les exercices d'archet du même auteur ____ „Ecole de la Technique de l'archet Op. 2" (Cahier Iᵃ)

The bowing-studies from the same author's Op. 2. (Part I.) should be practised simultaneously with this and the following parts.

Insieme scicoli, studiare gli esercizi dello stesso autore, che hanno per titolo „Tecnica dell' arco" Op. 2 fasc. I.

12.*)

Exercices en laissant les doigts sur la corde.
**)

Exercise for keeping the fingers down on the string.

Esercizio per abituarsi a lasciare le dita ferme sulle corde.

13.*)

Intervalle.
Intervals.
Intervalli.

Tierces._ **Thirds.** _ Terze.

Quartes. _ **Fourths.** _ Quarte.

*) Voir avec cela la Mélodie No. 14.
**) avec les deux coups d'archet.
***) à étudier à quatre temps.

*) Using the melodies from No. 14.
**) In both bowings.
***) Practise 4 measures at a time

*) Verdi le melodie dal No. 14
**) Studiare nelle due maniere indicate.
***) Ripetere ogni quattro battute.

18

Quintes. _ *Fifths._ Quinte.

Sixtes. _ *Sixths._ Seste.

Septièmes. _ *Sevenths._ Settime.

Octaves. _ *Octaves._ Ottave.

*) Avec chacun des deux doigtés.   *) With both fingerings.   *) Con le due digitazioni.

14.

Mélodies.   **Melodies.**   *Melodie.*

Demi-ton du 2me au 3me doigt. | *Semitone from the 2nd to the 3rd finger:* | *Semitono dal 2º al 3º dito.*

15.

16.

Gammes: Sol majeur, re maj: La majeur: | *Scales G major,* | Scale: sol maggiore, re maggiore, la maggiore.
D major, A major.

Sol majeur. — *G major.* — *Sol maggiore.*

Ré majeur. — *D major.* — *Re maggiore.*

La majeur. — **A major.** — *La maggiore.*

Accords brisés. — **Broken chords.** — *Accordi arpeggiati.*

a)

b)

17.

Mélodies. **Melodies.** *Melodie.*

Andante.*

23.

22

* Vite. _ _ Quick. _ Presto.   **) Modérément vite.. _ In moderate time. _   a tempo moderato

Enchaînement des deux ½ tons précédents du 1ier au 2ier et du 2ier au 3ier doigt.	**Combining both of the preceding semitones: 1st—2nd and 2nd—3rd fingers.**	*Collegamento dei due precedenti semitoni 1º - 2º dito e 2º - 3º dito.*

18.

a) Sur une corde. _ _ _ *On one string.* _ _ _*Sopra una corda.*

19.

b) Changement sur deux cordes. _ _ _ *Alternately on two strings.* _ _ _ *Sopra due corde alternativamente.*

20.*)

Gamme de Sol majeur dans toute l'étendue de la 1ière position.

| The Scale of G-major within the compass of the First Position.

| Scala di sol maggiore in tutta l'estensione della 1ª posizione.

Déplacement chromatique des 2 doigts.
a) Sur une corde.

| Chromatic advance of the 2nd finger.
a) On one string:

| Movimento cromatico del 2º dito.
a) Sopra una corda.

21.*)

b) En changeant sur deux cordes.

| b) Alternately on two strings:

| b) Alternando sopra due corde.

22.*)

*) Voir les Mélodies du N° 23.   *) Thereto the melodies from N° 23.   *) Vedi le melodie dal N° 23.

23.

Mélodies.   *Melodies.*   *Melodie.*

Demi-ton de la corde à vide au 1ier doigt. | *Semitone from the open string to the 1st finger.* | *Semitono dalla corda vuota al 1º dito.*

24.

25.

Gammes: Fa majeur: Si♭ majeur. | *Scales: F major, B♭ major.* | *Scale: fa maggiore, si♭ maggiore.*

26.

Mélodies.   *Melodies.*   *Melodie.*